Recuerda
Lanzarote

Text: Bartolomé Egea

Fotos: Justino Díez

Layout und Satz: Gerardo Rodera

Übersetzung aus dem Spanischen: EURO:TEXT

Die Reproduktion dieses Buches, als Ganzes oder auszugsweise, die informationstechnische Bearbeitung sowie jegliche Übertragung, gleich mit welchen Medium, sei es elektronisch, mechanisch oder als Fotokopie, mittels Register oder durch andere Verfahren, ohne die vorherige schriftliche Genehmigung der Inhaber des Copyrights, ist untersagt.
Alle Rechte vorbehalten, einschließlich des Rechts auf Verkauf, Vermietung, Verleih oder jegliche andere Form der Überlassung des Buches.

© EDITORIAL EVEREST, S. A.
Carretera León–La Coruña, km 5 – LEÓN
ISBN: 84-241-3860-0
Depósito Legal: LE. 983-1993
Printed in Spain – Impreso en España

Druck EDITORIAL EVERGRÁFICAS, S. L.
Carretera León–La Coruña, km 5
LEÓN (Spanien)

Recuerda

Lanzarote

INHALT

LANZAROTE, 4

Arrecife, 8

Yaíza und Tinajo, 14

Tías und San Bartolomé, 26

Teguise, 34

Haría, 52

Inselkarte, 62

LANZAROTE

Es ist nicht leicht, in einem Bildband wie dem vorliegenden eine Vorstellung davon zu vermitteln, was die Insel Lanzarote ausmacht. Die Autoren haben jedoch versucht, in den Fotografien ihre interessantesten Orte festzuhalten und die wichtigsten vulkanologischen Merkmale zusammenzufassen. Auf ganz Lanzarote —das auch als Insel der Vulkane bekannt ist —gibt es mehr als 100 Vulkane, Kessel vulkanischen Ursprungs und Ebenen aus erstarrter Lava. Die Hänge und Kuppen seiner niedrigen Bergzüge bedeckt schwarzer Sand, der aus der Vulkanschlacke entstanden ist.

Auf Lanzarote lassen sich zwei klar gegeneinander abgegrenzte Zonen unterscheiden: Da ist der Süd- und Nordosten der Insel, der vor mehr als 3000 Jahren von Vulkanausbrüchen betroffen war, wie das Gebiet um den Corona-Vulkan. Hier entstand das heutige *Malpaís de la Corona* und der Lava-Schlauch, wo sich die *Jameos del Agua* und die *Cueva de los Verdes* befinden. Aber die einzigartige, für die Insel so typische Mondlandschaft, prägten andere Vorkommnisse, nämlich ein Vulkanausbruch, der sich zwischen 1730 und 1736 ereignete. Diese Eruptionen schufen das Vulkangebiet, das sich im Bereich des Nationalparks von Timanfaya befindet, im Zentrum der Insel und nach Westen hin.

Am ersten April 1730 begann, was man als die größte bekannte Vulkankatastrophe der Menschheitsgeschichte bezeichnen könnte. Geradeso, als ob die Hölle selbst aus den Eingeweiden der Erde hervorgebrochen wäre, spien 32 Vulkane gleichzeitig große Mengen an flüssigen Mineralien aus und schufen mit ihrer Lava jenen unvergleichlichen Anblick, der heute die Hauptattraktion der Insel ist. Unter diesen Bergen, Kesseln und Lavawüsten liegen für immer die Orte Tingafa, Mancha Blanca, Maretas, Santa Catalina, San Juan, Peña de Palmas, Timanfaya, Testegua und Rodeo begraben, die hier, vim fruchtbarsten Teil der Insel, angesiedelt waren.

Ein spanisches Sprichwort besagt: «Auch das größte Übel hat seine guten Seiten». Und dies gilt auch für Lanzarote, denn jene Katastrophe, die im 17. und 18. Jh. für die damaligen Bewohner den Untergang bedeutete, brachte die Landschaft hervor, die heute die größte Anziehungskraft auf Touristen ausübt. So verhilft jenes Unglück den Nachkommen der Opfer heute zu Reichtum und Wohlstand.

LANZAROTE

6

Einsiedelei der Virgen de los Volcanes.

Lanzarote, oder Titeroi-Gatra, wie die Insel anscheinend vor ihrer Eroberung im Jahre 1402 durch Juan de Betencourt, einem Normannen im Dienste der spanischen Krone, von ihren Ureinwohnern genannt wurde, ist die am südlichsten gelegene Insel des Kanarischen Archipels. Die Entfernung zur afrikanischen Küste beträgt 68 Meilen, zur iberischen Halbinsel etwa 1000. Zusammen mit Fuerteventura und den kleineren Inseln Lobos, La Graciosa, Alegranza, Montaña Clara, Roque del Este y Roque del Oeste, bildet sie die Gruppe der Östlichen Inseln. Mit einer Fläche von 795 km² ist sie die viertgrößte Kanarische Insel. Im Nordwesten der Insel fällt die Küstenlinie ziemlich steil ab, während im Südosten viele schöne Strände vorzufinden sind. Hier auf der Insel herrscht ein mildes Klima, mit Durchschnittstemperaturen von 18 bis 24 °C während des ganzen Jahres. Es fallen nur wenig Niederschläge, der Jahresdurchschnitt liegt bei 200mm. Die vorherrschende Vegetation ist eindeutig xerophil, d.h. an ein trockenes, sonniges Klima angepaßt. Typisch für die Insel ist die Kanarische Palme; sie ist vor allem im Tal von Haría in großer Zahl anzutreffen. Das auffälligste Merkmal der Insel ist ihre vulkanische Natur, deretwegen sie auch den Beinamen «Insel der Vulkane» erhalten hat. Bis vor kurzem verdiente sich die Bevölkerung ihren Lebensunterhalt ausschließlich in der Landwirtschaft, mit der Fischerei und allen damit zusammenhängenden Aktivitäten und ein wenig Weidewirtschaft. Die Besucherströme in der letzten Zeit haben die wirtschaftliche Situation der Insel heute von Grund auf geändert: Dank des großen Angebots an Arbeitsplätzen im ständig wachsenden

Typische Keramik.

LANZAROTE

Dienstleistungssektor, den der Tourismusboom notwendig gemacht hat, können die Bewohner ihre kargen Felder verlassen. In den Touristenzentren finden sie jetzt ein besseres Auskommen.

Guinate Tropical Park: In diesem Park im Norden von Lanzarote, am Aussichtspunkt von Guinate an der Steilküste von Famara gelegen, kann man sich in einer Landschaft von einzigartiger Schönheit an den immer wieder überraschenden und unterhaltsamen Kapriolen der Papageien und Kakadus erfreuen.

Die **Einsiedelei der** *Virgen de los Dolores* (Schmerzensreiche), die auch *Virgen de los Volcanes* (Hl.Jungfrau der Vulkane) genannt

Terrassenförmig angelegte Felder.

Der Guinate Tropical Park.

wird, wurde von den Dorfbewohnern von Tinajo errichtet, aus Dank für das Wunder, das die Hl.Jungfrau während der Vulkanausbrüche der Jahre 1730-1736 wirkte: Sie lenkte den Lavastrom, der das Dorf unter sich zu begraben drohte, in eine andere Richtung um, und bewahrte den Ort so vor dem Schicksal, das viele umliegende Dörfer heimsuchte. Diese Einsiedelei wurde 1781 eingesegnet.
Jedes Jahr am 15.September wird zu Ehren der Schmerzensreichen auf der ganzen Insel ein großes, sehr populäres Fest gefeiert.

Die geduldigen **Bauern von Lanzarote** bestellen ihre Felder mit wahrer Hingabe, Verantwortungsbewußtsein und Ausdauer. Sie versuchen, bei all der Trockenheit und Dürre, die auf der Insel herrscht, dem Boden dieser Insel jene Früchte zu entreißen —vor allem Getreide, Hülsenfrüchte, Zwiebeln und Tomaten—, die für ihren ausgezeichneten Geschmack berühmt sind.

ARRECIFE

8

Der **Charco de San Ginés** ist ein natürlicher See ohne Wellengang, dessen Wasserstand mit den Gezeiten ansteigt und absinkt. Er steht über einen schmalen Kanal mit dem Meer in Verbindung. An seinem Ufer entlang verläuft —fast ganz rundum— eine moderne Straße. Der See dient als Schutzhafen und Marina für kleine Sportboote. An seinem Ufer beginnen die ersten Ausläufer der Stadt Arrecife, und ganz in der Nähe wurde die erste Kirche der Stadt errichtet.

Der Charco de San Ginés.

Arrecife. ▶

Die Uferpromenade von Arrecife.

In der Hafenbucht von Arrecife liegt das **Castillo de San José** (Josefsburg). Diese Festung wurde auf Befehl König Karls III. von Spanien errichtet. Der Bau diente sowohl zu Verteidigungszwecken als auch dem Ziel, der hungernden Bevölkerung Lanzarotes —aufgrund jahrelanger Dürre waren die Felder ohne Ertrag— Arbeit und Brot zu verschaffen. Aus diesem Grund heißt die Burg im Volksmund auch *Castillo del hambre* (Hungerburg).
Der Künstler César Manrique wurde mit ihrem Umbau beauftragt, und heute beherbergt die Burg ein **Museum für Zeitgenössische Kunst**, mit Werken von Picasso, Miró, César Manrique selbst und anderen Künstlern.

Arrecife besitzt großartige **Parks und Promenaden**. Sie wurden auf Gelände angelegt, das dem Meer abgewonnen wurde. Von den Terrassen ihrer gepflegten Gärten aus kann der Spaziergänger das Meer mit seinem stahlblauen Wasser betrachten und davon träumen, daß er auf einem Vergnügungsdampfer bei ruhiger See die Wellen durchpflügt.

ARRECIFE

Die **Puente de las Bolas** (Kugelbrücke): Über diese Hubbrücke aus dem Jahr 1599 gelangt man zum *Castillo de San Gabriel*, einer Festung auf einer kleinen, dem Stadtkern vorgelagerten Insel. Sie diente früher als Bollwerk gegen die häufigen Überfälle von Piraten und Sarazenern. Das ursprüngliche Kastell wurde im Jahr 1574 erbaut. Nach seiner Zerstörung während mehrerer Angriffe wurde es im Jahr 1599 unter Felipe II. wieder auf- und umgebaut. Heute ist hier das **Archäologische Museum** untergebracht.

Museum für Zeitgenössische Kunst.

Puente de las Bolas.

ARRECIFE

12

Playa del Reducto, Arrecife.

Mitten in der Stadt Arrecife befindet sich die **Playa del Reducto**, ein Strand mit feinem, sauberen Sand. Sein klares Wasser lädt das ganze Jahr über Fremde und Einheimische dazu ein, in den Wellen zu planschen und zu schwimmen und die herrliche Sonne Lanzarotes zu genießen.

ARRECIFE

13

Blick auf Arrecife.

Der Anblick von **Arrecife** vom Meer aus, mit dem eindrucksvollen Kontrast, den das Weiß seiner Häuser, das Dunkelgrau seiner Vulkane und das Blau des Meeres dem Auge des Betrachters bieten, hinterläßt in unserem Gedächtnis einen nachhaltigen Eindruck. Im Hintergrund sieht man die Kirche *San Ginés*, die dem Schutzpatron der Stadt geweiht ist. Sie ist die älteste Kirche Arrecifes.

YAÍZA UND TINAJO

14

Oben: Weinberge in La Gería.

Unten links: Palme in Yaíza.

Unten rechts: Der Golfo-Felsen.

Nächste Seite: Felder bei Tinajo.

YAÍZA UND TINAJO

Die sogenannten natürlichen *Enarenados* des Bezirks **La Gería**, feine Deckschichten aus *Lapilli* bzw. *Picón* (Sand vulkanischen Ursprungs) auf den Böden, bilden eine der schönsten und ursprünglichsten Landschaften Lanzarotes.
Im Norden, innerhalb der Gemeinde **Tinajo**, wird das Landschaftsbild von den geometrischen Figuren der einzelnen Parzellen bestimmt, die von den Windfangwällen noch besonders hervorgehoben werden. Hier werden vor allem Zwiebeln, Wasser- und Honigmelonen, Hülsenfrüchte und *papas* (Kartoffeln) angebaut, auf künstlichen *enarenados*,
d. h. Feldern, die mit einer dünnen Deckschicht aus *Lapilli* oder *Picón* bestreut werden, die die Feuchtigkeit zurückhält, die bei den seltenen Regenfällen oder durch den Tau auf den Boden gelangt.

DER NATIONALPARK VON TIMANFAYA

Der Nationalpark von Timanfaya — eine Landschaft von einzigartiger Schönheit— entstand während der Vulkanausbrüche der Jahre 1730-1736. Dieses Gewirr von Kratern, Kesseln und tiefen Spalten erstreckt sich auf einer Fläche von mehr als 200 km². Große Haufen von schwarzem Sand bedecken die Hänge und Kuppen der Hügel und Berge und legen Zeugnis ab von jener Naturkatastrophe, die innerhalb von sechs Jahren eine fruchtbare Gegend in eine Mondlandschaft verwandelte.

Auf den Ebenen zwischen den Bergen findet man große Flächen vor, die von gekräuselter Lava in allen nur denkbaren abstrakten Formen bedeckt sind, seltsame Darbietungen aus steinernen Hieroglyphen. Dieses Infierno im Innern des Parks von Timanfaya hinterläßt beim Besucher —egal, ob er auf dem Rücken eines Dromedars oder mit einem anderen Transportmittel dorthin gelangt ist— einen danteskten Eindruck.

An der höchstgelegenen Stelle in den *Montañas del fuego* (Feuerberge) —wie die Berge des Parks auch bezeichnet werden— befindet sich der «Islote de Hilario» (Inselchen des Hilarius); hier ist der Boden am heißesten: Man braucht nur ein bißchen an der Oberfläche zu kratzen, um Temperaturen von 400 °C vorzufinden.

YAÍZA UND TINAJO

In den *Montañas del fuego*, genauer gesagt an der Stelle, die gemeinhin als **«Islote de Hilario»** (Inselchen des Hilarius) bekannt ist, herrschen die höchsten Bodentemperaturen im ganzen Nationalpark von Timanfaya. Um Temperaturen von 400 °C vorzufinden, braucht man nur ein bißchen an der Oberfläche zu kratzen. Gießt man Wasser in ein kleines Loch im Boden, so verwandelt es sich in kürzester Zeit in Dampf, der in einer hohen Säule aus der Erde schießt. Dieses Phänomen ist auch als Geysir bekannt. Steckt man einen Gegenstand aus leicht brennbarem Material in den Boden, fängt er sofort Feuer.

Auf dieser Seite: Islote de Hilario.

Nächste Seite: Timanfaya.

YAÍZA UND TINAJO

Die Salinen von Janubio.

Die Bewohner von Lanzarote blicken auf eine lange Tradition als Seefahrer, vor allem als Fischer, zurück. Als Folge bestand immer ein großer Bedarf an Salz, um die Schiffe, die vor der afrikanischen Küste fischten, zu versorgen. Um diesen Bedarf zu decken, wurden die natürlichen Seen an der Küste Lanzarotes als Salinen genutzt. Eine der wichtigsten, die noch in Betrieb sind, ist die von **Janubio**, in der Gemeinde von Yaíza. Sie bietet einen herrlichen Anblick mit ihren Salzbergen, die mit der dunklen Erde und mit dem Atlantik im Hintergrund.

El Golfo ist der Name einer Reihe von stumpfen Bergkegeln vulkanischen Ursprungs, nach Art eines halben römischen Amphitheaters, im Osten der Insel. Diese Formation entstand in den Jahren 1730-1736. Die Felswände bieten dem Betrachter aufgrund ihrer Beschaffenheit eine große Farbenvielfalt. Auf dem Grund des gespaltenen Kegels, der das Amphiteater bildet, befindet sich eine kleine smaragdgrüne Lagune. Jhr Wasser erhält sie durch Filtrationen durch das Vulkangestein aus dem Meer.

YAÍZA UND TINAJO

Die Grüne Lagune. El Golfo.

In der Nähe befinden sich die «Sprudel»; sie verdanken ihren Namen dem Umstand, daß an dieser Stelle die Brandung sehr stark ist. Beim Aufprall der Wellen auf die Riffs aus erkalteter Lava, die sich bei früheren Ausbrüchen bildeten, entstehen riesige Gischtwolken, die zusammen mit der Farbenpracht der Küstenlinie und dem Rauschen der Wellen ein grandioses Schauspiel bieten.

Im Norden der Insel, in der Gemeinde von Tinajo liegt das Sport- und Touristenzentrum **Santa Sport**, mit einem Apartmentkomplex direkt am Meer. Es verfügt über großartige natürliche Salzwasserseen, die mit dem Meer in direkter Verbindung stehen. Hier findet der Besucher Anlagen für alle Arten von sportlicher Betätigung. Die Sporteinrichtungen sind die besten auf der ganzen Insel; hierher kommen, zu Training und Erholung, Athleten aus ganz Europa und Amerika, vor allem aus den skandinavischen Ländern. Außer den bereits erwähnten herrlichen Stränden verfügt der Ort über Freizeiteinrichtungen, Läden und moderne und gemütliche Apartments.

Strand vor «El Golfo». Windsurfen in Santa Sport.

Blick auf Yaíza. *Uga.*

YAÍZA UND TINAJO

Das Castillo de las Coloradas.

Das **Castillo de las Coloradas**, Wachturm und Ausguck über die Meerenge von Bocayna, dem Meeresarm zwischen Lanzarote und Fuerteventura, wurde im Jahr 1742 errichtet. Kurz darauf wurde es von Piraten, die auf der Suche nach Sklaven und Vieh auf diesem Teil der Insel einfielen, niedergebrannt und geschleift. Karl III. von Spanien ließ es später wieder auf- und ausbauen. Es besteht heute aus zwei kreisförmigen Geschossen mit einem Glockenturm im isabellinischen Stil und steht unter Denkmalschutz. Von seiner oberen Plattform aus bietet sich ein herrlicher Ausblick auf die Islote de los Lobos und die Küste von Fuerteventura.

TÍAS UND SAN BARTOLOMÉ

26

Anker.
Nächste Seite: San Bartolomé, Kirche und Dorfplatz.
Der Flughafen.

Der **Internationale Flughafen** von Lanzarote verfügt über die modernsten Systeme für die Flugüberwachung. Auf ihm starten und landen täglich zahlreiche Fluugzeuge verschiedenster Bauart aus aller Herren Länder. Er ist hervorragend ausgestattet und verfügt über hochmoderne technische Einrichtungen. Einige seiner Räume wurden von César Manrique gestaltet.

Die **Pfarrkirche von San Bartolomé de Lanzarote** wurde um das Jahr 1799 errichtet. Sie beherbergt in ihrem Innern ein Bildnis des Namenspatrons, der gleichzeitig der Schutzheilige des Dorfes ist. Ihm zu Ehren wird jedes Jahr am 24.August ein Fest gefeiert, das in der Bevölkerung großen Anklang findet. Die ortsansässige Bevölkerung besteht vor allem aus Bauern und Landarbeitern; die Weine und Käsesorten dieses Ortes sind berühmt.

TÍAS UND SAN BARTOLOMÉ

28

Das Touristenzentrum **Puerto del Carmen** ist eine harmonische Anluge und fügt sich hervorragend in seine Umgebung ein; die niedrigen, in einheitlichem Stil gehaltenen und allesamt weißgekalkten Gebäude reflektieren die Sonne, die auf die Insel herabscheint, auf ganz besondere Art und Weise. Es ist schwer zu sagen, ob es ebendie Häuser am Rande der Badestrände sind, die den Stränden einen besonderen Reiz verleihen, oder ob eher im Gegenteil die Strände, eingefaßt von den harmonischen Gebäudeblocks, einen Anblick bieten, an den sich der Besucher immer wieder mit Wehmut zurückerinnert.

Zwei Ansichten von Playa Blanca.

TÍAS UND SAN BARTOLOMÉ

Das ganze Gebiet von Puerto del Carmen ist ideal für die verschiedensten Wassersportarten. An einigen Stellen bietet die Brandung ausgezeichnete Möglichkeiten für Windsurfer, an anderen lädt der eher ruhige Wellengang dazu ein, alle möglichen anderen Arten von Wassersport zu betreiben. So kann der Besucher auf der ganzen Länge des Gebietes des Puerto del Carmen —etwa 4 km Strände und Buchten— die verschiedensten Typen von Wasserfahrzeugen und alle möglichen Wassersportarten antreffen.

Unten: Playa Blanca; Rechts: Puerto del Carmen.

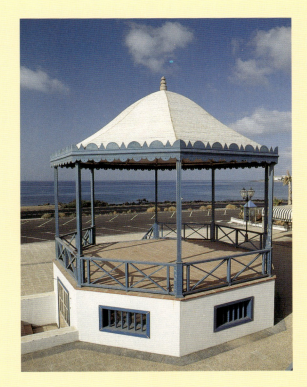

TÍAS

Die Gemeinde Tías umfaßt ein Gebiet von etwa 64 km². Das Gelände ist — von Nord nach Süd— leicht abschüssig und wird im Süden von einem ca. 9km langen Küstenstreifen abgeschlossen. Auf sechs Kilometern erstrecken sich wunderschöne Strände und Buchten mit sauberem Sand und glasklarem Wasser. Bis vor wenigen Jahren war Tías die ärmste Gemeinde ganz Lanzarotes; seinem staubtrockenen Boden trotzte das kleine Grüppchen von Bewohnern auch unter übermenschlichen Anstrengungen nur sehr dürftige Ernten ab —hauptsächlich Hülsenfrüchte, Tomaten und Zwiebeln. Ihre wenigen Häuschen standen weit verstreut auf den jeweilgen Grundstücken. Sie boten jedoch einen reizvollen Anblick, denn das Weiß ihres Putzes hob sich unter der blendenden Sonne strahlend gegen den tiefschwarzen Hintergrund des Bodens aus verwitterter Vulkanschlacke ab. Doch in den letzten Jahren hat die Gemeinde von Tías mit seinem Küstenstreifen dank der Touristenströme einen radikalen Wandel erfahren. Sowohl die Einwohnerzahl als auch das Pro-Kopf-Einkommen sind sprunghaft angestiegen. Puerto del Carmen ist gegenwärtig das wichtigste Touristenzentrum der ganzen Insel, sowohl im Hinblick auf seine Infrastruktur und die Zahl der Gästebetten jeglicher Art als auch wegen seiner Strände mit unzähligen Strandcafés, Promenaden, Diskotheken, usw.

TÍAS UND SAN BARTOLOMÉ

Puerto del Carmen.

Puerto del Carmen verfügt über einen kleinen Fischerhafen, der auch kleinen Sportbooten Schutz bietet. Die Einheimischen nennen das Gebiet *La Tiñosa*, nach dem ursprünglichen Namen des Dorfes. Später erhielt das Gebiet aufgrund der durchgeführten Baumaßnahmen längs des gesamten Küstenstreifens den Namen Puerto del Carmen. Immer, wenn die Fischerboote zum Fang auslaufen oder nach getaner Arbeit zurückkehren, erfährt der erwähnte Hafen —in der Ortsmitte des ursprünglichen Fischerdörfchens gelegen— regen Zustrom von Einheimischen und Fremden.

TÍAS UND SAN BARTOLOMÉ

Playa Blanca.

Die sauberen weißen Sandstrände von **Puerto del Carmen** sind die schönsten der ganzen Insel. Am größten, der **Playa Blanca** (Weißer Strand) zieht sich eine breite Promenade entlang, mit einer Vielzahl von Cafés, Pubs und allen möglichen Geschäften. Während des Tages herrscht hier munteres Treiben wie auf einer Ausstellung, und in der Nacht verleihen die Straßenlaternen und bunten Lichter dem Ort eine ganz besondere Faszination.

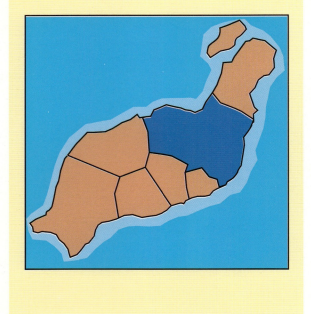

TEGUISE

Die klassische Lanzarote-Architektur. Das typische Lanzarote-Haus besitzt gerade Linien, dicke Außenwände —zur Kühlung der Innenräume— und kleine Öffnungen nach außen hin. Es ist weiß verputzt, mit Zierkaminen im Konstantinopel-Stil. Die Fenster und Türen sind in kräftigem Grün gehalten —vielleicht als Reminiszenz an den Mangel an Grünflächen außerhalb der Siedlungen. Der Kontrast zwischen der Hausfarbe und den Schwarztönen des Bodens verleiht der Landschaft besondere Schönheit. Die **Nordostküste** Lanzarotes ist wegen des Windes und des starken Wellengangs zum Windsurfen hervorragend geeignet.

Haus im inseltypischen Baustil. Costa Teguise.

PLAYA DE LAS CUCHARAS COSTA TEGUISE

Die Playa de las Cucharas in Costa Teguise ist der größte und bedeutendste Strand in der ganzen Gegend. Direkt am Strand, der Windsurfern ausgezeichnete Bedingungen bietet, befindet sich eine Surf-Schule. Gesäumt wird er von der gleichnamigen Wohnsiedlung —mit dem größten Einkaufszentrum von Costa Teguise. Ihre Häuser fügen sich mit ihrer einfachen und doch ansprechenden Bauweise sehr gut in die Umgebung vulkanischen Ursprungs ein. Ganz in der Nähe befinden sich der Golfplatz, der Wassererlebnispark und das Spielkasino— die einzigen Einrichtungen dieser Art auf der ganzen Insel.

Die Hotels von Costa Teguise sind die modernsten auf der ganzen Insel. Mit ihrer Ausstattung und ihrem Komfort können Sie gegen die berühmtesten Hotels der Welt bestehen. Hier, an der Playa del Charco, befindet sich das Hotel Las Salinas. Seine Architektur ist sorgfältig auf die Umgebung abgestimmt worden; die trockene Vulkanerde der Umgebung verbindet sich mit der tropischen Bepflanzung zu einer Einheit. Dieses Hotel ist Treffpunkt und Aufenthaltsort für Staatschefs und Persönlichkeiten des öffentlichen Lebens bei ihren Besuchen auf der Insel.

Auf den beiden folgenden Seiten: Las Cucharas. Im Hintergrund das Hotel «Las Salinas».

TEGUISE

41

Auf ganz Lanzarote trifft man **Windmühlen** in Hülle und Fülle an. In früheren Zeiten waren sie von großer wirtschaftlicher Bedeutung. Heute dienen sie jedoch nur noch als dekorative Elemente oder beschwören Erinnerungen an vergangene Epochen. Man findet viele von ihnen auf den Promenaden und in den gut gepflegten Parks.

Vorige Seite: Windmühle in Costa Teguise.

Auf dieser Seite: Der Strand von Bastián in zwei verschiedenen Ansichten.

In **Costa Teguise** findet der Besucher —
zusammen mit erstklassigen Hotels und
sonstigen Einrichtungen— auch die klassischen
Einfamilienhäuschen vor, inmitten ihrer
typischen, mit Blumen bepflanzten Gärtchen.
Die Beete werden mit feinem *Picón* (Sand
vulkanischen Ursprungs) bestreut und erfüllen
so zwei Aufgaben: Zum einen bieten sie —
zwischen dem Weiß der Wände und dem
Schwarz der Erde— dem Auge ein
harmonisches, mehrfarbiges Bild, zum andern
verhindert dies die Verdunstung des Taus, der
sich nachts niedergeschlagen hat und erhält so
die Feuchtigkeit.

Zwei Bilder von Costa Teguise.

TEGUISE

Die **César Manrique-Stiftung** ist in dem Haus untergebracht, in dem der Künstler bis 1987 lebte. Es steht auf einer Schlackebahn, die noch von dem Ausbruch stammt, der Lanzarote in den Jahren 1730-1736 heimsuchte. Das Haus wurde zu dem oben erwähnten Zweck um —und ausgebaut. Hier fügen sich Raum und Baumaterialen zu einer harmonischen Einheit von Natur und Architektur. Die Stiftung stellt Gemälde, Zeichnungen, Skulpturen und Objekte aus der Hand César Manriques aus.

Tahiche. Die César Manrique-Stiftung und die Kirche Nuestra Señora de Guadalupe.

TEGUISE

Guatiza. Pflanzung mit Feigenkakteen zur Gewinnung von Schellack.

Los Valles.

Vor einigen Jahren noch war **La Cochinilla** (Schellack) —Ausgangsstoff für natürliche Farbstoffe— einer der wichtigsten Exportartikel der Insel, vor allem in der Gegend von Guatizamala. Heutzutage sind synthetische Ersatzstoffe sehr viel billiger herzustellen; dadurch ist der Anbau der natürlichen Ausgangsprodukte nicht mehr rentabel. Zur Gewinnung des Schellacks werden die Läuse auf Feigenkakteen ausgesetzt, wo sie sich sehr schnell reproduzieren. Wenn die günstigsten Bedingungen erreicht sind, werden die Kakteen geerntet, um aus ihnen den Schellack zu gewinnen.

Windmühlen: sind sehr praktische Mittel zur Energiegewinnung und kommen auf der Insel —auf der rund um die Uhr ein frischer Wind bläst— an vielen Orten zum Einsatz. Diese Mühlen wurden früher unter anderem zum Mahlen von geröstetem Mais verwendet. Das Maismehl, der sogenannte *Gofio*, war bis vor kurzem eines der Grundnahrungsmittel der Inselbewohner.

Windmühle in Guatiza.

TEGUISE

Zwei Ansichten von Tahiche.

Mozaga. Denkmal zu Ehren des Bauern.

Das Denkmal zu Ehren des Bauern. Diese Monumentalskulptur —eine Hommage an die geplagten Bauern Lanzarotes— aus der Hand des aus Lanzarote gebürtigen Universalkünstlers César Manriques befindet sich in der Gemeinde San Bartolomé de Lanzarote. Als Grundmaterial dienten alte Blechkanister, die früher zur Wasseraufbewahrung verwendet wurden. Direkt daneben steht ein ehemaliges Herrenhaus im für die Epoche typischen Baustil, das heute ein Landarbeitermuseum und ein Restaurant beherbergt, in dem alle Arten von inseltypischer Hausmacherkost serviert werden.

DER KAKTEENGARTEN

Auch dieses Kunstwerk wurde von dem aus Lanzarote gebürtigen Künstler César Manrique geschaffen.

Der Künstler hat es meisterhaft verstanden, auf engem Raum das Natürliche der außerordentlichen Landschaft Lanzarotes und seine eigene Kreativität miteinander in Einklang zu bringen.

Auf einer begrenzten Fläche stehen hier mehr als tausend verschiedene Kakteenarten aus aller Welt, eingerahmt von einem wunderschönen Szenarium in Form eines römischen Zirkus.

Der Besuch dieses herrlichen Gartens, mit all seinen verschiedenen Arten in ganz unterschiedlichen Größen und Formen, ist ein absolutes Muß für jeden Besucher Lanzarotes. Der Besuch dieses Gartens gehört zu jenen unvergeßlichen Erinnerungen, die man bei der Abreise von dieser Insel mitnimmt.

Der Kakteengarten (Jardín del Cactus) befindet sich in Guatiza, neben der Straße, die zu einem anderen sehr häufig besuchten Ort auf Lanzarote führt, nämlich zu den *Jameos del Agua*.

TEGUISE

Verschiedene Kakteenarten im Jardín del Cactus.

TEGUISE

51

Blick auf den Kakteengarten.

HARÍA

52

von ihnen widmet sich dem Fischfang. Diese Insel besitzt weite, schöne Strände. Einer der besten ist die *Playa de las Conchas*; er hat seinen Namen von der Unmenge an Muscheln, die man hier im Sand finden kann. Um auf das Chinijo-Archipel zu gelangen, muß man sich im Hafen von **Orzola** einschiffen. Von dort aus laufen täglich Passagier- und Frachtschiffe und -boote aus, um den schmalen Meeresarm (im Volksmund auch *río*, d.h. Fluß genannt) zu überqueren, der Lanzarote von La Graciosa trennt.

Orzola. ▶

Jameos del Agua.

Die Insel La Graciosa.

Die Inselgruppe des **Chinijo** —so wird sie von den Bewohnern liebevoll genannt— besteht aus den Inseln **La Graciosa**, **Montaña Clara** und **Alegranza** und den Felseneilanden Roque del Este und Roque del Oeste (West— und Ostfelsen). Nur La Graciosa ist bewohnt. Seine Einwohner leben in einem kleinen Dorf names Caleta del Sebo, mit einem gut geschützten und ausgebauten Fischereihafen. Der Großteil

HARÍA

Haría —man könnte den Ort auch als die Oase von Lanzarote bezeichnen— liegt in einer Niederung, die ringsum von Bergen vulkanischen Ursprungs umgeben ist. Wegen seines Palmenreichtums ist es auch unter dem Namen «Land der 1000 Palmen» bekannt. Obwohl dieses Tal vor nicht allzu langer Zeit von den Sarrazenern bei einer Invasion in Brand gesteckt wurde, gibt es hier immer noch mehr Palmen auf einem Fleck als an jedem anderen Ort auf den Kanarischen Inseln. Das **Tal von Haría** mit seiner Landwirtschaft war von jeher immer schon die wohlhabendste Gegend, bis —als Folge des Touristenbooms— die Einwohner in andere Orte der Insel abwanderten, um dort eine sicherere und bequemere Einkommensquelle zu finden. Noch heute kann man an seinen alten Häusern früheren Glanz ablesen.

Vorhergehende Doppelseite und unten: Verschiedene Ansichten von Haría.

HARÍA

Der **Strand von Famara** liegt im Norden der Insel. Er ist der längste Strand auf der ganzen Insel; jedoch wehen hier vom Atlantik her starke Passatwinde, aufgrund derer er zum Baden nicht geeignet ist. Hier haben viele Einwohner der Insel kleine Sommerhäuschen. Von hier aus kann man auch einen Teil des Chinijo-Archipels sehen, und nahebei erheben sich die Bergmassive von Famara-Guatifay, die für Drachenflieger ideale Voraussetzungen bieten. Die Küstengewässer stehen bei Sporttauchern hoch im Kurs.

Der Strand von Famara.

LOS JAMEOS DEL AGUA UND DIE CUEVA DE LOS VERDES

Ein Teil des Schlauchs aus erkalteter Lava, in dem sich vor mehr als 3 000 Jahren ein ungeheurer Lavastrom vom Corona-Vulkan seinen Weg zum Meer bahnte, wird *Cueva de los Verdes* (Höhle der Grünen) genannt.

Dies ist mit einer Länge von sechs Kilometern, einer Höhe von 15m und etwa der gleichen Breite die größte bisher bekannte Lavaröhre.

Ihr Inneres ist von unbeschreiblicher Schönheit, mit einer unglaublichen Formen- und Farbenvielfalt.

Hier fanden in früheren Zeiten die Ureinwohner der Insel Unterschlupf auf der Flucht vor Musulmanen und Piraten, die sehr häufig die Insel überfielen, um Sklaven zu machen.

Heute bestehen die *Jameos* aus einer großen Höhle mit zwei Öffnungen. Trotz ihrer Länge ist sie bis jetzt jedoch nur auf zwei Kilometern für Besucher zugänglich gemacht worden.

HARÍA

61

In den **Jameos del Agua** (Wasserhöhlen) befindet sich ein natürliches Auditorium, das auf einer Lavablase —einem Teil der oben erwähnten Lavaröhre— errichtet wurde.
Im Innern gibt es einen kleinen, ruhigen See, der mit dem Meer über kleine unterirdische Galerien in Verbindung steht. Hier lebt eine Art von blindem Albino-Krebs, die einzigartig auf der ganzen Welt ist.

Verschiedene Ansichten der Jameos del Agua. Unten rechts das Auditorium.

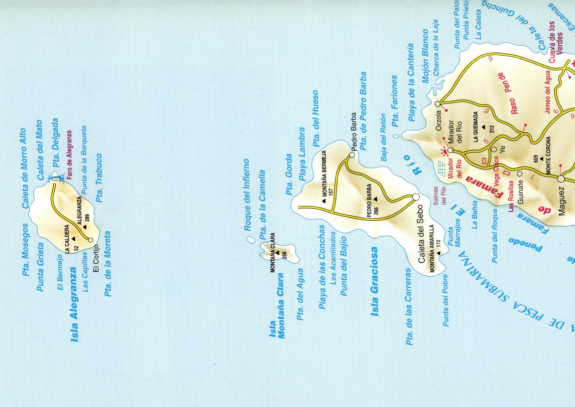

LANZAROTE

Fläche: 861,71 km²

Einwohnerzahl: 57 000

Bevölkerungsdichte: 66 Einw/km²

Hauptstadt: Arrecife

Höchste Höhe: Risco de Famara (600 m)

Durchschnittstemperatur: 20 °C

Meerestemperatur: 18 °C — 20 °C

Entfernung von der Halbinsel: 1 000 km

Entfernung von Afrika: 100 km

Wirtschaft: Land-, Viehwirtschaft, Fischerei, Tourismus

Recuerda

Fuerteventura
Gran Canaria
Ibiza/Formentera
Lanzarote
Tenerife

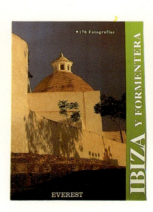
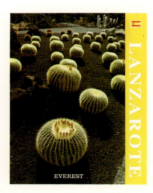
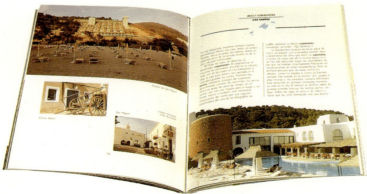